LETTRES

AUX

GENS DE FROTEY

PAR

AUGUSTE GUYARD,

Auteur des *Quintessences*, anc. réd. en chef du *Bien Public*.

> « Les anciennes formes et les nouveaux principes. »
> (LOUIS-NAPOLÉON BONAPARTE.)

PREMIÈRE LETTRE,

Extraite du *Bas-Breton,* revue, augmentée.

Prix : 1 Franc.

PARIS

E. DENTU, | Mme G. MAILLEY,
PALAIS-ROYAL, (GALERIE D'ORLÉANS), | 23, RUE CASSETTE, 23.

1863

APPEL

À mes anciens souscripteurs, à mes élèves, à mes lecteurs, à mes amis et aux amis de mes amis, à tous ceux qui me connaissent et qui m'estiment, à toutes les personnes généreuses qui veulent laisser après elles une œuvre qui reste et qui fasse bénir leurs noms,

Ces lettres sont en même temps un livre et le commencement d'une œuvre sociale.

L'œuvre a pour but d'élever la petite commune de Frotey-lez-Vesoul (Haute-Saône) — lieu de ma naissance, — au rang de commune rurale modèle.

Le livre, publié au profit de l'œuvre, doit la préparer, l'expliquer et commencer à la réaliser. Il formera un volume de 200 à 250 pages publié en dix ou douze livraisons à 1 fr.

Le prix de l'ouvrage entier est de 10 fr.

L'œuvre comprend : des coopérateurs, des bienfaiteurs et des co-fondateurs.

Tout souscripteur à un exemplaire des *Lettres aux gens de Frotey* sera inscrit au livre d'honneur des coopérateurs.

Tout souscripteur à 10 exemplaires sera inscrit au livre d'honneur des bienfaiteurs.

Tout souscripteur à 100 exemplaires sera inscrit au livre d'honneur des co-fondateurs.

Mais tous les noms inscrits à ces trois livres d'honneur, Dieu les gravera lui-même au livre de la vie éternelle.

Les titres de coopérateurs, de bienfaiteurs ou de fondateurs, pourront être aussi accordés aux personnes qui, ne pouvant pas souscrire de leur bourse, rendraient à l'œuvre d'autres services.

Adresser les communications qu'on aurait à faire à l'auteur, chez Mme G. Mailley, 23, rue Cassette, à Paris.

C'est pour moi un besoin de cœur de placer ici les lignes que
j'écris à M. Gustave Rouland, chef du cabinet de M. le ministre de l'instruction publique, en lui envoyant cette lettre.

MONSIEUR,

J'ai l'honneur de vous envoyer ma *Première lettre aux
gens de Froley*, qui, je l'espère, vous intéressera. Je prends
la liberté de mettre aussi sous votre couvert l'exemplaire
dont je fais respectueusement hommage à Monsieur votre
père. Vous êtes habituellement si aimable et bienveillant
pour moi que cet exemplaire arrivera certainement à son
adresse.

J'aurais voulu dédier cette première lettre à M. Rouland, comme un témoignage public de ma profonde admiration, de ma respectueuse sympathie et de ma très-
vive gratitude : je ne l'ai pas osé. Ma dédicace eût pu
faire supposer que le ministre approuvait une idée dont
il n'a pas même connaissance.

Combien je serais heureux, Monsieur, si une pareille approbation descendait sur cette première lettre. Ce serait pour mon œuvre le succès assuré, et pour moi la plus honorable et la plus douce des récompenses.

Jusqu'ici la plupart des ministres de l'instruction publique se contentaient d'être des ministres Excellences; M. Rouland a voulu en même temps être un excellent ministre. C'est le premier qui ait compris l'importance sociale de son département. De sa place il a voulu faire une charge, qu'il a élevée au rang de Ministère de l'éducation publique.

Puisse le ciel conserver longtemps à la France l'honnête homme, le ministre excellent que tous les partis aiment et admirent, que tous regretteront, et lui donner le temps d'achever son œuvre!

M. Rouland pourra mourir tranquille: aucun ministre de l'instruction publique n'aura encore paru devant Dieu et devant la postérité avec d'aussi beaux états de service.

Mais, Monsieur, dans les bénédictions qu'elle donnera au grand Ministre, la postérité n'oubliera pas le nom du fils qui s'associe avec tant d'intelligence, de zèle et de dévouement aux travaux de son illustre père; et Dieu réunira dans la récompense céleste ceux qu'il voit si étroitement unis sur la terre dans l'accomplissement du bien.

J'ai l'honneur d'être, etc.

AUGUSTE GUYARD.

PREMIÈRE LETTRE

AUX GENS DE FROTEY

Memet, familiam, vicum.

A ceux de mon âge.

Je suis né, mes chers camarades, et j'ai grandi parmi vous au joli petit village de Frotey-lez-Vesoul. Avec vous, j'ai *galopiné* nu-pieds dans la poussière et dans la boue; j'ai enfourché les canons russes parqués dans les prés, depuis les Chenevières et le Moireau jusqu'aux Allées Neuves, et me suis chauffé au feu des bivouacs qui changèrent notre belle prairie en un noir désert pendant deux ans. Avec vous, aux Plantes, j'ai fait le *culmuré* [1] sur les *cabottes* [2], pendant les foins et les regains; bu, dans le creux de ma main, pendant les chaleurs, l'eau glacée de la Maladière peuplée de salamandres; fait des pipeaux avec des chaumes verts de seigle et de blé; taillé, à la sève nouvelle, des sifflets d'une seule pièce dans l'écorce des saules, et découpé de longues trompettes en hélice dans celle des coudriers; polissonné sur le Cannechevaux, au Creux de la Roche, à la Pierre qui Tourne, à la Fonts de Champdamois sillonnée de nos ricochets, ainsi que dans l'entonnoir profond et le lit desséché du Frais-Puits. Avec vous, aux Malvignottes, j'ai maraudé des cerises et des noix, glané des raisins, et ramassé ces

---

[1] Culbute. — [2] Petits tas de foin.

poules [1] de pierre que vous m'aidiez à collectionner. Avec vous, plus étourdi que méchant, j'ai, dans les sentiers étroits, creusé ces trappes recouvertes de gazon, où nous faisions trébucher les femmes qui portaient sur la tête, à la ville, leurs paniers comblés de fruits, d'œufs, de légumes, ou leurs seilles pleines de crème et de lait.

Le Béguin, Lolo Duchesne et le Gachenot de chez Lordières, se rappellent-ils le nombre de vairons et de blancs que nous avons pris à la ligne, dans la rivière, au-dessous du petit bois, près du moulin et derrière le château, et la quantité de grenouilles que nous avons fait danser au bout de nos hameçons amorcés de drap rouge dans les grands fossés vaseux couverts de nénuphars?

Et toi, mon cher Pothey, toi que j'ai retrouvé avec tant de joie, l'an passé, dans un jardin de Noidans-lez-Vesoul, te souvient-il de toutes nos expéditions de gamins? En avons-nous ravagé, à nous deux, de ces nids : d'alouettes dans les blés verts; de fauvettes dans les buissons; de chardonnerets, de pinsons, dans les vergers; de cublans sous les laves; de grives, de merles, dans les fourrés de feuilles sèches et sur les branches basses des foyards [2] et des chênes! En avons-nous soufflé, enfilé, de ces petits œufs de toutes les couleurs, dont les guirlandes festonnaient les murs de ma chambrette et le dessus de mon alcôve! En avons-nous levé de ces lièvres, au-dessus des vignes et dans les *murgers* [3] où nous allions à la feuille pour ta chèvre; à l'épine-vinette, aux *guilleriboutons* [4] et aux mûres pour nous-mêmes!

Et vous que j'aimais entre tous et qui, depuis longtemps

<hr>

[1] Coquilles pétrifiées. — [2] Hêtres. — [3] Grands tas de pierres dans les champs. — [4] Baies d'églantiers.

dejà, m'attendez au delà de la tombe, sur l'autre rive de la vie, Bati Gousserey, Louisot Reuchet, que n'ai-je un porte-voix assez puissant pour vous hèler les vifs souvenirs qui, pour moi, se rattachent à vos noms! Mais que dis-je? ne sommes-nous pas les tombes, les demeures dernières, je voudrais pouvoir dire les sanctuaires de ceux que nous croyons morts? Ne sont-ils pas en nous plus vivants que nous-mêmes, y contemplant toutes les formes de nos pensées, y ressentant toutes nos sensations, tous nos sentiments?

Tu vois donc, et tu sens, toi, mon cher Bati, si je me remémore avec bonheur nos récoltes d'escargots dans les vignes, autour des haies, par les douces pluies printa-nières! Hein donc! comme nous les faisions *couiner* [1] dans leurs coquilles, devant un feu pâle d'épines vertes allumé entre trois pierres, au pied d'un mur ou d'un buisson, pour nous en régaler céans? Hein! quels longs chapelets gluants nous en rapportions à nos mères, qui les fricassaient au beurre frais et aux fines herbes, après les avoir fait cuire dans la grande chaudière de fonte pleine d'eau et de cendres, et les avoir bien lavés dans plusieurs eaux et bien essuyés entre deux linges!

Tu vois aussi toi, mon cher Louisot, si j'ai oublié nos moissons de rouges-gorges à la glu, aux lacets, aux raquettes, le long des chemins frais piochés du bois; nos fusillades de corbeaux isolés sur les routes, près des fontaines à demi-gelées; de linottes s'abattant par bandes serrées sur les hautes herbes sèches, parmi les champs vêtus de neige, et nos râfles de moineaux, l'hiver,

[1] Rendre un bruit comme celui du bois vert qui brûle.

sous nos *quatre-en-chiffres* [1], pendant que les grands garçons et les hommes étaient à la traque aux loups. Combien souvent, au retour d'une maraude, d'une pipée, d'une chasse, d'un aller aux prunelles, aux *aigrettes* [2], ou d'une flânerie sans but, nous avons banqueté à nous trois, de lait caillé, de crème épaisse, de *fromagère* [3], de pommes de terres cuites sous la cendre, ou dans la grande marmite des porcs, et bien tapées, bien farineuses et bien blanches; nous avons soupé de blé broyé, de *gaudes* [4], de *gruchelots* [5], de *pepet* [6], dont nous nous disputions la *rasure* [7] au fond de la chaudière avec nos cuillers de bois, de fer ou d'étain! Il y a plus de 40 ans de ça, et cependant il me semble que c'est hier que je partageais avec vous, au 15 août, le jour de la fête, la bonne *foisse* [8] pétrie par ma mère, mes *pouttrereks* [9] de Vesoul, mes craquelins de Baume et mon épais gâteau de *flaimure* [10] ou de fromage blanc.

Il nous faudrait plusieurs jours, mes chers camarades, pour réciter en commun le rosaire de nos souvenirs. Ensemble, pendant les longues veillées d'hiver, nous avons égrené les *turquies* [11], *lu* [12] les haricots, et teillé le chanvre, au bourdonnement des rouets, des légendes et des complaintes des grand'mères; au bruit des fuseaux et des gaies chansons en chœur des jeunes garçons et des jeunes filles. Ensemble, au bout des moissons, des ven-

---

[1] Piéges. — [2] Espèce de sorbes. — [3] Fromage liquide. — [4] Bouillie de farine de maïs. — [5] Gruaux. — [6] Bouillie de farine de blé. — [7] Râclure. — [8] Pain de froment. — [9] Pain au lait allemand en forme de lozange. — [10] Mélange de crème et d'œufs. — [11] Épis de maïs. — [12] Choisi.

danges ou de la teille, nous avons pris le *chat* [1], bu de la piquette, mordu dans des *rôts* [2] bien tendres, dansé des rondes autour des *gaudères* [3] de sarments et de chene-vottes, et, pour finir, joué aux *portes* [4], dans la rue des Vignes, pendant toute la nuit, en poussant nos bruyantes évolutions jusqu'à la croisée des routes. Ensemble, nous avons fait le riz et les gauffres, lorsque la mort s'en venait brutalement arracher un de nos camarades à nos jeux. Ensemble, le dimanche, avant, après la messe, pendant les vêpres et jusqu'au soir, nous avons joué tour à tour, à la *bille* [5], à la *galine* [6], aux *païestres* [7], et, le jour de Pâques, *taqué* pointe contre pointe, flanc contre flanc, des œufs de toutes les couleurs, parmi lesquels dominaient les jaunes teints dans la suie. Je me vois encore tâtant d'abord contre mes dents l'œuf de mon adversaire, pour m'assurer que ce n'était point un redoutable œuf de pintade, et je savoure encore en imagination les bonnes salades que j'ai gagnées, mais plus souvent perdues, à ce jeu favori de notre enfance. Souvent, avec les *crânes* d'entre vous, j'ai fait l'école buissonnière pour aller, dès avant Pâques, me baigner, au Bain de Colombes, à la Vieille-Ferrée, dans le Drugeon, au risque d'attraper, comme cela m'est arrivé une fois, une bonne fièvre scarlatine. Quelquefois, après les grandes pluies, nous gravissions, essoufflés, la Motte de Vesoul pour, du haut de ce tertre immense, mamelle de calcaire qui secrète à la fois du vin, du lait et des eaux

[1] Repas et jeux qui terminent un travail des champs. — [2] Épis laiteux de maïs rôtis. — [3] Feux de joie. — [4] Jeu dans lequel une bande de garçons et de filles qui se tiennent par la main passent en courant sous le portique formé par deux bras. — [5] Bâtonnet. — [6] Bouchons. — [7] Billes.

limpides, contempler la mer jaune formée, en moins de trois jours, par les débordements du Frais-Puits et de la fontaine de Varognes, et qui semble plutôt sortie de terre au coup de baguette d'une fée. Quels n'étaient pas nos exclamations et nos ravissements devant le spectacle de ces vingt territoires subitement inondés; devant cette Méditerranée couleur d'or fondu, encadrée de coteaux couverts de vignes, du milieu de laquelle émergeaient le *Bez-Houl*[1], et la ville assise à sa base -- avec les clochers, les vergers et les toits gris de vingt villages ! Je comprenais alors comment une armée allemande, campée sur le plateau de *Cita* et qui assiégeait Vesoul au moyen âge, épouvantée par cette grandiose inondation survenue dans la nuit, avait précipitamment levé le siége et s'était enfuie par la route de Besançon.

Ensemble enfin, mes braves camarades, que n'avons-nous pas fait ? Combien de fois, dans la prairie transformée par l'hiver en un immense miroir de glace, nous avons attaqué à coups de pierres les patineurs de Vesoul, dix fois plus nombreux que nous, et fait face en même temps aux *farots*[2] de Quincey, qui venaient nous prendre entre deux feux ! Mon frère Ferjeux et Nicolas Dubret se souviendront sans doute, — c'est un de nos gestes mémorables, — qu'un dimanche, près de la Fonts de Champdamois, nous avons tenu bon, à nous trois, depuis le matin jusqu'au soir, contre dix-sept Quincey, et cela sans manger et brouter autre chose que des fraises des champs, des feuilles d'épine-vinette et des côtons d'oseille et de

---

[1] *Tombeau du Soleil*, nom celtique de Vesoul et de sa montagne conique derrière laquelle le soleil se couche. — [2] *Flambeaux*.

leslot [1]. On ferait un murger, vraiment, des pierres que nous
avons lancées ce jour-là. De ce combat, que je ne me rap-
pelle pas sans orgueil, je gardai un si grand mal d'épaule,
que, pendant plusieurs années, il me fut impossible de
jeter une pierre par-dessus le bras, ce qui ne m'empê-
chait pas, en la jetant par-dessous, de dépasser le *co-
chot* [2] du clocher, dans nos assauts de chaque jour devant
l'église, en sortant de classe.

Vous le voyez, mes chers camarades, je n'ai pas encore
tout à fait oublié le patois que vous m'appreniez aux
champs où, mis hors de moi par les sons rauques du
cornet, j'allais souvent, malgré les douces remontrances
de ma mère et les vives corrections de mon père, vous
rejoindre à la sourdine, au grand galop de mes jambes ou
d'un petit cheval noir que je montais à poil avec une
adresse de Séquane, grâce aux leçons de mon ami Solguet.
Aujourd'hui encore, comme il y a quarante ans, je sau-
rais vous demander au besoin *das belonches* [3], *das uche-
lons* [4], *das treffes* [5], qu'aujourd'hui, comme alors, vous
partageriez de grand cœur, avec moi, j'en suis sûr. Je vous
étonnerais bien, sans doute, si je vous disais qu'en criant,
chantant ou jurant notre patois frotéen, nous parlions à la
fois, sans nous en douter, celtique, grec, latin, anglais ;
que nous parlions avec une correction dont n'approcheront
jamais les académiciens. Ceux-ci, en effet, qui se disputent depuis deux cents ans sur la manière de prononcer
le mot *paille*, péchent aussi souvent contre la syntaxe que
contre la prononciation ; tandis qu'un paysan ne fait
jamais un solécisme de patois. Mais je vous étonnerais

[1] Salsifis sauvage. — [2] Coq. — [3] Prunes. — [4] Noix. —
[5] Pommes de terre.

moins en vous apprenant que ce n'était point par fierté que mes parents me défendaient d'aller aux champs, près de vous, mais parce qu'ils savaient trop que des enfants ainsi livrés à eux-mêmes ne peuvent s'entr'apprendre que du mal. Hélas ! nous savons, vous et moi, s'ils avaient raison !

Souvenirs de mon enfance et de ma première jeunesse, pourquoi êtes-vous tous ainsi vivants au fond de mon cœur ? C'est que malgré les si longues distances d'espace et de temps qui nous ont séparés, mes chers amis, c'est qu'au milieu des nombreuses pérégrinations de mon corps et de mon esprit, j'ai bien souvent évoqué les douces images du passé ; c'est que toujours, je me suis senti attiré par la terre natale, comme le petit enfant par le sein de sa nourrice ; c'est que j'aime Frotey comme vous aimez vos prés, vos champs, vos vignes, et ses habitants comme des membres de ma famille, — au village n'est-on pas tous parents ? — c'est que j'ai rêvé pour Frotey, depuis trente ans, un idéal de bien-être moral, intellectuel, matériel, qui en ferait une commune modèle si je parvenais à le réaliser, et qu'à dater d'aujourd'hui cet idéal commence à prendre corps, car cette première lettre est publiée au profit de mon œuvre, de même que celles qui la suivront, de même aussi que le *Journal de Frotey* que je publierai bientôt.

Jusqu'ici, il m'a fallu, vraie mer à boire ! recommencer ma propre éducation, déraciner d'abord mes mauvaises habitudes ; redresser, diriger ou dompter mes penchants ; examiner, analyser mes préjugés pour séparer les vrais des faux ; sarcler les erreurs semées par les passions dans mon âme, où elles étouffaient la vérité : il m'a fallu m'émanciper, c'est-à-dire me reprendre des mains de tous les maîtres qui, avec la meilleure volonté de m'aider de leurs lisières, retardaient ma marche sans le savoir, entravaient le libre et complet développement de mes facultés, et, en me faisant à leur image, effaçaient en moi le cachet d'originalité que Dieu imprime à leur naissance à chacune de ses créatures ; il m'a fallu, en un mot, faire de moi un *homme* en me créant mon propre instituteur, mon propre prêtre, mon propre roi, mon propre médecin.

Loin de moi, dans ces paroles, toute intention blessante pour les médecins, pour les prêtres, pour les instituteurs et pour les rois, que je regarde comme les premiers des hommes et les plus grands bienfaiteurs des peuples, s'ils comprennent et remplissent bien leur devoir. Or, ce devoir n'est-il pas de nous mettre le plus vite possible en état de nous passer d'eux?

Après plus de trente ans de ce travail réformateur sur moi-même, m'est-il enfin permis de me décorer, de me titrer moi-même du nom d'homme? J'ose l'espérer; car, bien que je sois, certes, très-loin encore d'être l'auto-roi, l'auto-prêtre, l'auto-instituteur et l'auto-médecin que j'ai rêvés et que je voudrais être avant de mourir, je n'en remplis pas moins vis-à-vis de moi, depuis très-longtemps déjà, cette quadruple fonction que tout homme d'études arrivé à cinquante ans, doit remplir envers lui-même ; car je suis fermement résolu de marcher toujours en avant dans la voie d'amélioration et de sainteté progressives que j'ai choisie ; car, enfin, je me suis voué corps et âme au culte de la philosophie et de la religion, qui sont le commencement, la fin, la base de toute vertu, de toute sagesse, de tout progrès, de tout bien.

J'ai dû, en même temps, *éduquer* mes enfants, c'est-à-dire tirer, extraire et développer du fond de leur nature leurs facultés latentes, enroulées, afin d'*élever* ces jeunes plantes humaines, de les rapprocher le plus possible de l'idéal d'éducation que j'avais conçu pour eux ; afin de contempler avec bonheur, dans ce doux épanouissement de moi-même, cette sagesse précoce que des éducateurs bien intentionnés sans doute, mais ignorants ou trop occupés d'autres soins, n'avaient pas su réaliser en moi ; afin de faire marcher de compagnie, chez ces enfants, l'innocence avec la science du bien et du mal ; afin, en deux mots, de faire de mes filles et de mes fils des femmes et des hommes dignes de ces noms.

Cette éducation a été l'œuvre principale de ma vie. J'y ai consacré tout mon temps ; j'y ai tout sacrifié : plaisirs, repos, santé, fortune, réputation littéraire, dignité personnelle. Mes amis prétendent que cette éducation sera mon chef-d'œuvre et ma couronne aux sept fleurons, et mes enfants s'efforcent chaque jour de leur donner raison. Je n'ambitionne pas d'autre bonheur ni d'autre gloire. J'espère que cette chère couronne, jetée, au jour de mon jugement, dans la balance du Souverain Juge, fera pencher le plateau du bien.

Ce rude travail que j'ai fait sur moi et sur ma famille, je voudrais, mes chers camarades, vous inspirer aujourd'hui le désir de l'entreprendre sur vous-mêmes et sur vos enfants. Je voudrais aider mon village à faire son éducation pour le préparer par là à devenir cette commune modèle que je désire qu'il soit un jour. Car avant de songer à réaliser le bien-être matériel par l'association des intérêts, il nous faut commencer par communier dans les mêmes sentiments, dans les mêmes idées : c'est l'œuvre de l'éducation, c'est l'œuvre de l'esprit, qui seul a la puissance d'unir et d'associer parce qu'il est *un*, comme la matière ne peut que désunir et désassocier parce qu'elle est *multiple*. Commençons donc par mettre à l'unisson nos cœurs et nos esprits, et le reste, soyez-en sûrs, nous sera donné par surcroît.

Le bonheur de l'humanité ne peut résulter que de son amélioration et de son perfectionnement.

Or, pour perfectionner l'humanité il suffit d'en améliorer les éléments, qui sont :

L'individu, atôme social;

La famille, molécule sociale constituante;

La commune, molécule sociale intégrante.

En effet, l'individu amélioré améliore naturellement la famille, formée d'individus.

La famille devenue meilleure fait nécessairement à son image la commune, association de familles.

La commune perfectionnée perfectionne et rend heureux l'État, collection de communes.

Enfin l'État arrivé au degré de perfection et de bonheur que la nature humaine comporte en ce monde, élève au même degré l'humanité, qui est l'ensemble de tous les États du globe.

Il n'y a de ma part, croyez-le bien, ni vanité ni orgueil à me mettre ainsi en scène, avec ma famille et mon village. L'idée si simple de commencer les réformes sociales par la réformation des éléments de la société étant, dans son ensemble, nouvelle et mienne, il m'a bien fallu prendre où il se trouvait l'exemple d'un essai d'application. D'ailleurs, cette mise en évidence qui ne nuit à personne sera utile à quelques-uns : elle nous oblige, ma famille et moi, à une amélioration efficace de chaque jour. Car nous sommes tous pénétrés de ces belles paroles de je ne sais plus quel auteur :

« Un homme en grandissant intérieurement, en redoublant, par un effort sublime, la vie morale, fait sans qu'il le sache une révolution dans le genre humain, qui tôt ou tard est obligé de se mettre à son niveau ; chaque homme porte en soi la chaîne de diamant qui soutient l'univers moral ; à mesure qu'il s'élève, il force l'Univers à monter avec lui. »

Ne vous effrayez pas, mes amis, des quelques mots nouveaux pour vous que j'emploie dans cette lettre : ils ne vous empêcheront pas d'en comprendre le sens général. À des idées nouvelles il faut des mots nouveaux. J'aime mieux vous donner ces mots à deviner comme des énigmes que de me défier de votre intelligence par des explications enfantines. Pour un lecteur attentif, un mot inconnu est presque toujours expliqué par les mots connus qui le précèdent ou par ceux qui le suivent. Il faut vous dire aussi que vous ne serez pas les seuls à lire ces lettres. Quoique s'adressant aux gens d'un petit village, elles seront dispersées par les vents de la publicité aux quatre points de l'horizon. J'ai, dans toutes les parties du monde, des élèves, des amis, et par conséquent des lecteurs bienveillants, qui deviendront aussi, je l'espère, des disciples et des coopérateurs. Voilà pourquoi, dans ces lettres qui abordent tous les sujets, j'ai cru pouvoir parler le français dans tous ses styles.

Si vous me demandiez pourquoi je publie ces lettres dans un journal du bout de la terre plutôt que dans un journal de Paris ou de Franche-Comté, je vous répondrais :

Je suis en parfaite sympathie d'idées avec l'honorable rédacteur du *Bas-Breton;* sa devise religieuse, sociale et politique est comme la mienne : Impartialité, indépendance égale de ses amis et de ses adversaires; progrès par évolutions et non par révolutions ; conciliation du passé et de l'avenir, et M. Chavignaud a fait à ces lettres un accueil qu'elles eussent difficilement reçu ailleurs.

Sans doute, j'aurais pu les offrir à un grand journal de Paris qui ne recule pas devant les questions fondamentales, et qui pratique ma devise. Mais ce journal, comme toutes les grandes feuilles parisiennes, déborde déjà de rédacteurs qui se disputent la gloire de parler à la ville et à l'univers — *Urbi et orbi* —, du plain-pied de ses feuilletons comme des hauteurs de ses premiers-Paris, et je n'avais pas besoin d'être si haut juché pour m'entretenir amicalement avec vous. D'ailleurs, j'ai un faible pour les journaux de province, que dédaignent trop les grands journalistes et les éditeurs de la capitale. J'en ai rédigé jusqu'à trois, et dans l'un d'eux, le *Bien Public* de Mâcon, j'avais pour collaborateur assidu le grand écrivain, le grand homme d'État, le grand homme de bien qui s'appelle Lamartine, plus grand dans son humiliation d'aujourd'hui que dans son triomphe d'alors.

Combien j'aimerais à voir le trop-plein de la rédaction parisienne refluer plus souvent dans les vides forcés de la rédaction provinciale! Quels que soient son talent et son courage, il est impossible à un écrivain isolé de supporter à lui seul toute la charge d'un journal. Pourquoi les illustres apôtres de la plume dédaignent-ils ainsi les humbles feuilles qui ont jadis bienveillamment accueilli

leur première poésie ou leur premier article politique?
Tous veulent dater leurs articles de la capitale. Est-ce
que la capitale n'est pas partout où se produit quelque
grande pensée, quelque vérité nouvelle utile à l'humanité?
Est-ce que le journal de sous-préfecture ou de village d'où
rayonne cette idée ne devient pas un grand journal malgré
son petit format? Quelle était la capitale de la France quand
Paris était au pouvoir des Anglais? Était-ce Orléans où
s'amusait Charles VII? Non, c'était le petit village de
Domrémy, où Jeanne d'Arc méditait la délivrance de sa
patrie.

D'ailleurs la bonne parole germe plus vite, elle porte
des fruits meilleurs et plus nombreux dans le sillon fertile
de la province que sur l'asphalte et le pavé des Babylones.
Le Christ s'en allait semant chaque jour la sainte para-
bole dans les bourgades de la Judée; il venait rarement
à Jérusalem. Encore y venait-il trop souvent, puisque
les princes des Prêtres, les Pharisiens et les Scribes, dont
sans doute il troublait la digestion, l'y crucifièrent.

Mes chers camarades, en vous écrivant par le *Bas-
Breton*, en passant par l'Ouest pour aller à l'Est, je ne
fais pas un si long détour que vous le pourriez croire.
Les Bretons descendent directement des Celtes-Kimris,
dont ils parlent encore la langue; vous êtes, vous, les
fils des Séquanes, l'une des tribus des Celtes-Galls. Ainsi,
Bretons et Francomtois sont frères.

Mes amis, l'œuvre que j'entreprends aujourd'hui parmi
vous n'est rien moins qu'un apostolat: vous êtes donc en
droit de me demander quels sont mes titres et qui m'envoie.

Mes titres? Ils ne sont pas dans ma fortune: je n'en ai
d'autre que mes sept enfants et mes nombreux amis; ni

dans mes honneurs : j'ai fui les honneurs comme étant rarement le chemin de l'honneur; ni dans mes places : jusqu'ici je n'en ai eu qu'une incertaine et changeante au soleil du bon Dieu, mais j'espère en trouver enfin une fixe et assurée dans le petit cimetière de Frotey, près de ma pieuse mère, contre le chœur de l'église, en face la grande porte d'entrée, où, bon gré malgré vous, en allant aux offices, vous me donnerez un souvenir.

Mes titres sont donc dans ma nature profondément religieuse; dans cet amour enthousiaste de l'idéal, de la science, du progrès et de l'humanité qui brûle en moi dès ma plus tendre jeunesse; dans cet esprit de courageuse initiative pour le bien qui me tourmente où que je sois; ils sont dans ma vie d'étude, dans mon âge bien mûr — j'aurai cinquante-cinq ans aux vendanges prochaines; — dans ma longue expérience; dans ma qualité de père d'une famille nombreuse, de l'éducation de laquelle j'ai fait la grande œuvre de ma vie; ils sont dans l'importance souveraine que j'attache à l'éducation des femmes, comme seul moyen efficace de régénération sociale; ils sont dans ma pauvreté volontaire en biens du corps; dans mon affection filiale pour Frotey, ma chère petite patrie, que j'aime comme j'aime la France, ma grande et généreuse patrie, l'apôtre de la civilisation et du progrès; ils sont enfin dans mon impérieux besoin de partager avec vous tous, mes bons amis, les biens du cœur et de l'esprit que j'ai pu amasser par un labeur de quarante ans.

Et maintenant, qui m'envoie?

Je ne suis le missionnaire d'aucune faculté, d'aucune église. Je suis le libre envoyé de ces goûts d'apostolat et de propagande qui sont en moi presque dès mon enfance et ne font que se fortifier à mesure que j'avance en âge ; je suis le libre envoyé de ma conscience et de mon devoir. Qui m'envoie? C'est aussi la voix de ma mère, morte avec le regret que je ne fusse pas entré dans le sacerdoce.

Sois donc heureuse, ô pieuse femme dont j'évoque si souvent la douce image au fond de mon cœur ! sois heureuse, ô ma mère! car j'ai enfin comblé tes vœux : je me suis fait prêtre. Je prêche aux hommes non des idées sectaires qui les divisent, mais des idées communes qui les concilient et les unissent : l'existence de Dieu, la fraternité des hommes, enfants de Dieu, et l'immortalité de l'âme; je prêche non un socialisme niveleur ou une politique révolutionnaire quand même, mais le perfectionnement de l'individu, de la famille, de la commune, par le libre acquiescement de la volonté à la loi morale, par une éducation progressive basée sur le sentiment religieux, par une évolution prudente du passé et du présent vers l'avenir. Je prêche, en un mot, non l'utopie, mais le possible.

Rassurez-vous donc, mes bons amis, je ne viens rien bouleverser, rien changer brusquement parmi vous, mais seulement essayer d'améliorer peu à peu votre état actuel. Tout ce qui est, je le sais, a sa raison d'être, sa légitimité relative; mais tous les êtres — hommes et choses — ont besoin, pour se conserver, de se modifier, de se transformer continuellement : ce qui ne se renouvelle pas et ne progresse plus périt.

Que tous ceux qui remplissent une mission sociale au milieu de vous se rassurent également. Je ne viens faire obstacle à personne et voudrais aider à tout le monde. A côté du curé, de l'instituteur et du maire, sinon toujours avec eux et de la même manière, je viens travailler au bien de la famille municipale, et cela dans un esprit de conciliation, de fraternité, de concorde, dont, quoiqu'il arrive, je ne me départirai jamais.

J'habite Paris depuis tantôt vingt-cinq ans; j'y ai de belles et nombreuses relations, d'illustres et puissants patronages, et surtout d'excellents amis qui m'ont aidé à élever ma famille, et qui voudront aussi, je l'espère, m'aider à élever mon village. Je suis, dès aujourd'hui, au service de tous les habitants de Frotey, sans distinction d'opinion religieuse, politique ou autre; mais je suis surtout au service des faibles, des malades, des pauvres, des malheureux de toute sorte. Ma famille, tout entière associée à mon œuvre et qui s'oblige à la continuer après moi, prend le même solennel engagement. Je ne demande aux gens de Frotey, en retour, que leur sympathie, leur coopération bienveillante à mon œuvre, ou tout au moins de ne pas l'entraver par la prévention ou le mauvais vouloir.

Les meilleures idées ont leurs contradicteurs; souvent même ce sont celles qui en ont le plus. J'entends déjà les objecteurs me crier: « Comment vous osez, sans ressources assurées, entreprendre une pareille tâche ! Vous ne réussirez pas : après bien des peines, votre Frotey sera Frotey comme devant. »

Mes amis, le devoir de l'honnête homme qui a une bonne idée, c'est de la publier, c'est d'en essayer la réalisation sans trop s'inquiéter d'abord des moyens de réussir. Le devoir de ceux qui approuvent cette bonne idée, c'est d'aider, autant qu'il est en eux, à son incarnation.

L'essentiel n'est pas que mon idée réussisse à Frotey, malgré le vif désir que j'en ai : l'essentiel c'est qu'il se fonde quelque part dans le monde, mais surtout dans notre France, — la nation modèle, — une *commune rurale type* que les autres puissent imiter. Ces lettres peuvent en provoquer l'organisation. Quant à Frotey, si je n'y fais pas tout le bien que je voudrais, j'y ferai celui que je pourrai: si peu que j'en fasse, ce sera toujours quelque chose.

Si mon idée, peut-être intempestive, ne trouve pas d'écho dans les âmes, tant pis pour nous, mes amis, tant pis pour nos contemporains : elle attendra. Une idée une fois émise est immortelle : elle peut attendre. Les contemporains ne le peuvent pas.

AUGUSTE GUYARD.

Paris, le 25 mars 1863.

POST-SCRIPTUM.

Au moment de mettre sous presse, je trouve dans les Œuvres de Napoléon III une sorte de sanction de mon entreprise qui me fait la commencer avec plus de courage.

« La prospérité des communes, dit le prince Louis-Napoléon Bonaparte, fut l'objet de toute la sollicitude de l'Empereur. Le plan qu'il avait conçu pour améliorer leur état se trouve développé dans une lettre écrite par lui au ministre de l'Intérieur [1]. »

Voici un extrait de cette lettre si remarquable :

« Depuis 1790 — c'est Napoléon Ier qui parle — chaque
» municipalité est devenue une véritable *personne...* ayant
» droit de posséder, d'acquérir, de vendre et de faire au
» profit de la famille municipale tous les actes de nos

[1] *Les idées napoléoniennes.*

» Codes. Ainsi, par cette grande et nationale pensée, la
» France s'est trouvée divisée en 36,000 *individualités*
» dont chacune s'est trouvée appelée à éprouver tous les
» besoins du propriétaire, qui consistent à agrandir son
» domaine, à améliorer ses propriétés, à accroître ses re-
» venus, etc. Le germe de la prospérité de la France était
» donc là. Voici comment il n'y a pas eu pour ce germe,
» de développement possible.

» C'est que l'intérêt personnel de propriétaire veille
» sans cesse, fait tout fructifier; au contraire l'intérêt
» de communauté est de sa nature somnifère et stérile :
» l'intérêt personnel n'exige que de l'instinct; l'intérêt
» de communauté exige de la vertu : elle est rare. »
» .....Chaque année, les cinquante maires qui auront le
» plus contribué à ramener leur commune à l'état de
» *libération* ou de *ressources disponibles*, seront appelés
» à Paris, aux frais de l'État, et présentés, en séance so-
» lennelle aux trois consuls. Une colonne, élevée aux
» frais du gouvernement et placée à l'entrée principale
» de la ville ou du village, dira à la postérité le nom du
» maire; on y lira en outre ces mots :
» Au tuteur de la commune, la patrie reconnaissante. »

Il est donc probable, mes chers camarades, que
Napoléon 1er n'eût pas vu mon entreprise d'un œil indif-
férent. J'ai l'espoir qu'elle sourira à Napoléon III, qui
s'est donné pour glorieuse mission d'accomplir par les
travaux de la paix l'*idée napoléonienne* commencée par la
guerre. S'il en est autrement, et si je ne rencontre pas non
plus parmi les gens de Frotey et dans le public les sympathies sur lesquelles je compte, j'attendrai mon heure
en méditant ces deux pensées de Napoléon III :

« Rarement les grandes entreprises réussissent du premier coup; on dirait qu'il faut qu'elles s'aiguisent d'abord contre les obstacles. » (*Mélanges*, p. 110.)

« Le sort de toute nouvelle vérité qui surgit, c'est d'effrayer au lieu de séduire, de blesser au lieu de convaincre. » (*Mélanges*, page 25.)

A. G.

POUR PARAITRE PROCHAINEMENT

DEUXIÈME LETTRE

AUX

GENS DE FROTEY

Connais-toi toi-même.

Cette lettre traite de la dignité de l'homme et des merveilles
du génie humain.

TROISIÈME LETTRE

AUX

GENS DE FROTEY

*Fortunatos nimium sua si bona
norint agricolas.*
(VIRGILE.)

*Si tu connaissais le don de
Dieu.*
(ÉVANGILE.)

Cette lettre traite de la dignité du paysan et du bonheur de
la vie des champs, en opposition à la vie misérable des prolé-
taires des grandes villes.

QUINTESSENCES

PAR AUGUSTE GUYARD.

5ᵉ Édition. — Prix : 3 fr. 50 c.

Le succès de ses *Quintessences générales* a déterminé l'auteur à publier une série de *Quintessences spéciales*, dont voici les titres et l'ordre de publication :

1° Quintessences sur Dieu, sur l'homme, sur le monde et sur la religion.

2° Quintessences de grammaire, de linguistique et de physiognomonie.

3° Quintessences d'art et de littérature.

4° Quintessences de mathématiques, d'astronomie, de physique et de chimie.

5° Quintessences d'histoire naturelle.

6° Quintessences de biologie et de thérapeutique.

7° Quintessences d'histoire et de sociologie.

8° Quintessences sur l'éducation et sur la méthode.

Ces quintessences spéciales, résumé des études et des méditations de l'auteur, tâcheront d'être, à la fois, le tableau, la critique, l'histoire, la philosophie de la science et de l'art actuels et passés, et la prophétie de la science et de l'art futurs.

EXTRAITS DES JUGEMENTS PORTÉS SUR LE PREMIER VOLUME
DES QUINTESSENCES.

Plus de quarante journaux, plusieurs livres français ou étrangers
ont parlé avec éloges des *Quintessences*. L'auteur a reçu, en outre,
un grand nombre de lettres de félicitation. Il prend la liberté de
citer ici quelques extraits des uns et des autres.

« ..... J'ai lu avec charme vos *Quintessences*. Pendant que nous
rédigeons de gros livres, vous écrivez de petites pages ; mais, nous
sommes monnaie, et les pensées sont médailles. Les vôtres iront,
sous votre empreinte, à tous les bons esprits ; en attendant, elles
vont à mon goût et à mon cœur.   LAMARTINE »

« Monsieur et cher confrère,

« J'admire qu'on fasse encore des livres, car il faut des éditeurs.
Où sont-ils ? J'admire surtout qu'on les fasse profondément pensés,
supérieurement écrits ; qu'on les fasse comme vos *Quintessences*. Je
viens de lire et de relire cette œuvre multiple et une, car tout s'y
enchaîne et s'y fond comme les couleurs du prisme. Bien peu
d'hommes, je vous jure, auraient pu faire ce livre, qui nécessite
l'imagination, la réflexion et l'érudition au même degré. Vos pensées, quelquefois paradoxales, ce n'est pas un tort, sont toujours
originales ; c'est un mérite supérieur. — Quelques-unes, quoique
hautes et profondes, me semblent quelquefois manquer de justice
et de justesse. Peut-être est-ce que je les apprécie avec mes préjugés,
cette *cataracte de la raison*, comme vous dites si bien ; mais enfin...
ce qu'il y a là d'excessif et de trop exclusif peut nuire aux belles et
charmantes vérités du reste. C'est mon impression. Je vous l'ex-
prime franchement, afin que cette sincérité vous prouve celle de
mes éloges et de mes sympathies...

« Merci et bravo ; je vous relirai encore, souvent, et je vous applau-
dirai toujours.   ÉMILE DESCHAMPS. »

« Je vous dois bien des remerciments, monsieur, pour l'hommage
du charmant volume des *Quintessences*, que j'ai lu et relu avec
enthousiasme. On ne pouvait écrire un plus beau livre ni esquisser

avec p'us de grâce poétique ces délicieux drames du cœur. Je sol i-
cite la faveur de m'inscrire pour dix exemplaires...

« Agréez encore, monsieur, les témoignages de mon admiration
pour votre beau talent, et celui de ma vive reconnaissance pour une
aussi courtoise bienveillance.

« Votre très humble et très-dévoué confrère, mais bien loin en
arrière.   ADOLPHE D'HOUDETOT. »

« Vos *Quintessences* sont un charmant livre plein de pensées in-
génieuses que j'ai lues et relues avec le plus vif intérêt. On y trouve
à la fois le talent d'un écrivain habile et le cœur d'un honnête
homme.   Vicomte D'ARLINCOURT. »

La Presse théâtrale. « ... Les *Quintessences* renferment de pré-
cieuses études sur la religion, la philosophie et la morale. L'auteur,
homme de savoir et d'esprit, a jeté çà et là des réflexions pleines de
hardiesse et de nouveauté sur nos mœurs, nos préjugés et nos insti-
tutions, en indiquant partout le progrès qui est à faire et les idées
nouvelles qui doivent éclore de notre civilisation actuelle. M. Guyard
est un apôtre de la vérité, un zélé défenseur de l'art et de la science,
un partisan sincère de tous les affranchissements que l'avenir réserve
à l'humanité. Son livre respire à chaque page les grandes pensées
et les généreuses intentions dont il est animé. Il a été apprécié par
tous les gens d'esprit, par tous les chercheurs d'idées ; mais nous
voudrions le voir entre les mains de beaucoup de lecteurs frivoles
qui ne réfléchissent jamais parce qu'ils se remplissent trop l'imagination de récits puérils et de descriptions romanesques.
                                     « JULES FLAMAND. »

Revue franco-italienne. « ... On est attendri en lisant ce livre d'un
génie poétique et rêveur, qui cherche à vous expliquer par des
phrases harmonieuses les théories les plus obscures de la philosophie. L'honnêteté de l'auteur se révèle à chaque ligne. L'originalité
de sa diction me frappe et me persuade : c'est du Caton, du Sénèque
du Kant, du Descartes à la fois, mis à la portée de tout le monde...
Nous sommes bien loin de souscrire à toutes les pensées de
M. Guyard, mais nous avouerons qu'il n'était pas possible de friser
de si près la vérité philosophique et sociale.   C. FERRARI. »

La Revue philosophique. «... L'ouvrage de M. Guyard appartient tout entier à l'avenir ; et ici il ne s'agit pas seulement, comme dans la plupart des livres inspirés par l'esprit du siècle, d'aspirations et de tendances ; il s'agit de doctrines positives. C'est le monde nouveau qui se constitue et qui commence à s'affirmer au point de vue du dogme et de la morale.

« Nous regrettons d'être forcés d'arrêter ici nos citations. Nous renvoyons nos lecteurs au livre de M. Guyard. Ils pourront ne pas être d'accord avec lui sur tous les points, mais il est impossible que la fréquentation d'un tel esprit ne les rende pas meilleurs. FAUVETY. »

Le Siècle. « Les *Quintessences* sont un délicieux petit volume, plein de sens, de finesse et d'esprit. Le livre de M. Auguste Guyard est, en effet, la quintessence de toutes les idées justes, de toutes les aspirations généreuses : c'est le résumé de la sagesse. Succès oblige. Le succès de ses *Quintessences générales* a décidé l'auteur à publier une série de *Quintessences spéciales* qui résumeront, à leur tour, sous une forme claire, laconique, incisive, l'ensemble de nos connaissances. Dans ce temps où l'on n'a pas le temps de lire, la forme quintessenciée n'est-elle pas la forme par excellence ? LOUIS JOURDAN. »

En vente, du même auteur, à la même adresse :

GUIDE DES GENS DU MONDE, A TRAVERS LES SYSTÈMES DE MÉDECINE.
L'émotion que ce livre a produite parmi les médecins est sa meilleure recommandation auprès du public. 2ᵉ édition. 3 fr. 50

LE LATIN ET LE GREC
APPLIQUÉS AU FRANÇAIS, à l'usage *des Institutrices, des Mères de famille, des jeunes personnes, des Instituteurs primaires*, et de tous ceux qui veulent apprendre seuls, en quelques mois, le latin et le grec nécessaires à l'intelligence du français, 2ᵉ éd. Prix : 5 fr.

Du même auteur, pour paraître prochainement.

L'ART DE VIVRE CENT ANS ET PLUS,
ou *Quintessences de physiologie et d'hygiène.* — Prix : 5 fr.

Paris. — Imprimé par E. Thunot et Cᵉ, 26, rue Racine.

LE LATIN ET LE GREC

APPLIQUÉS AU FRANÇAIS

à l'usage

DES INSTITUTRICES ET DES INSTITUTEURS PRIMAIRES, DES MÈRES DE FAMILLE, DES JEUNES PERSONNES,

Et de tous ceux qui veulent apprendre seuls, en quelques mois, le latin et le grec nécessaires à l'intelligence de la langue française.

Cours élémentaire en 24 Leçons.

PAR AUGUSTE GUYARD,

Ancien Chef d'institution, ancien Rédacteur en chef du *Bien public*, auteur de plusieurs ouvrages scientifiques et littéraires, et membre de plusieurs sociétés savantes.

Un Vol. in-18, très-belle édition. — Prix : 5 fr.

La langue française, qui est depuis longtemps déjà la langue des salons et de la diplomatie en Europe, est aujourd'hui le complément obligé et le cachet d'une bonne éducation chez tous les peuples civilisés.

Mais apportons-nous à l'étude de notre langue un soin proportionné à l'importance qu'elle a prise dans le monde? Malheureusement non; cette étude est généralement très-superficielle.

Pour connaître à fond le français, il faut l'apprendre dans ses racines, le latin et le grec. On ne le sait qu'à moitié quand on ne possède pas au moins les premiers éléments des deux belles langues qui le composent en si grande partie. Le latin et le grec expliquent le français comme les siècles d'Auguste et de Périclès expliquent le siècle de Louis XIV. Notre langue est tellement grecque et latine par le fond et par la forme que Démosthènes, Cicéron, s'ils revenaient parmi nous, entendraient sans peine Racine et Fénelon, Lamartine même et Chateaubriand.

Pourquoi donc les Français qui n'en ont pas fait une étude spéciale ne comprennent-ils guère plus que du chinois ces magnifiques langages d'Athènes et de Rome, si dignes d'exprimer les deux grandes civilisations dont la nôtre est la fille et l'héritière?

C'est que la langue française est communément très-mal enseignée en France; c'est qu'on néglige dans les écoles primaires l'étude si essentielle des étymologies, c'est surtout parce que le grec et le latin ne font pas partie intégrante de l'éducation des femmes.

C'est donc aux instituteurs primaires et principalement aux institutrices, aux mères de famille et aux jeunes personnes que s'adresse notre livre; on verra ce *principalement* longuement motivé dans notre préface. Cependant, qu'on se rassure, notre intention n'est pas de faire de nos charmantes Françaises d'ennuyeuses pédantes en *os* et en *us*, nous voulons seulement, réalisant un vœu de Fénelon, leur enseigner dans les éléments du latin et du grec les bases de leur propre langue, leur montrer comment le français et le latin doivent s'apprendre l'un par l'autre, les initier vite et sans fatigue, par la syntaxe française généralisée et réduite à cinq ou six règles, au génie et au goût des deux plus beaux idiomes qui aient jamais été parlés sur la terre; nous voulons, en un mot, les mettre à même de poursuivre sans maître l'étude commencée, d'être les dignes institutrices de leurs enfants, ou tout au moins leurs répétiteurs compétents.

Pour obtenir ce résultat, et d'autres bien plus importants signalés dans notre ouvrage, et pour donner aux femmes lettrées, ainsi qu'aux instituteurs primaires le complément d'instruction dont ils ont dû souvent sentir le besoin, vingt-quatre leçons, de deux heures chacune, nous suffisent, pourvu qu'elles soient étudiées dans l'espace de trois mois.

Maintenant, aux personnes qui auraient la fantaisie d'ajouter à ce temps si court quelques autres mois d'études, nous pouvons garantir qu'elles apprendront, *seules*, *en un an*, par notre méthode, autant de grec et de latin qu'en apprend un bachelier, en six ou sept années de collège, par les procédés ordinaires. Ce n'est pas beaucoup, peut-être, mais c'est assez pour le but que nous nous proposons.

Notre ouvrage comprend deux parties : la première, élémentaire, grammaticale et théorique, est l'initiation proprement dite : c'est la clef du temple ; la seconde, application de la première, est un choix de pensées textuellement extraites des grands écrivains d'Athènes et de Rome. C'est à la fois un petit temple littéraire et un excellent traité de morale.

Les textes sont expliqués par deux traductions: l'une littérale qui présente le mot français en regard du mot grec ou latin correspondant ; l'autre correcte. Ces deux traductions rendent l'étude aussi agréable que facile.

Ce livre se trouve à Paris, chez Mme G. MAILLEY, 23, rue Cassette. Envoyer à cette adresse un mandat sur la poste, de 5 fr. 50 c.

Un Cours de LATIN ET DE GREC, APPLIQUÉS AU FRANÇAIS, a lieu chez l'Auteur, 23, rue Cassette, les mardi et vendredi, de 2 à 4 heures.

En vente à la même adresse :

GUIDE DES GENS DU MONDE A TRAVERS LES SYSTÈMES DE MÉDECINE, par Auguste Guyard, 2e édition. . . . . 3 fr. 50

L'émotion que ce livre a produite parmi les médecins est sa meilleure recommandation auprès du public. C'est le manuel obligé de toute personne qui ne veut pas confier aveuglément sa vie à la médecine officielle, dont un professeur de l'école de Paris disait dernièrement QU'ELLE N'A NI FOI, NI LOI, NI PRINCIPES.

Du même auteur, pour paraître prochainement :

L'ART DE VIVRE CENT ANS ET PLUS, ou *Quintessences de Physiologie et d'hygiène.* 5 fr. »

QUINTESSENCES, 5e édition. 3 fr. 50

Plus de 40 journaux ont parlé avec éloges de ce livre, dont le *Siècle* a dit :

« Les *Quintessences* sont un délicieux petit volume plein de sens, de finesse et d'esprit. Le livre de M. Auguste Guyard est en effet la quintessence de toutes les idées justes, de toutes les aspirations généreuses : c'est le résumé de la sagesse. Succès oblige. Le succès de ses *Quintessences générales* a décidé l'auteur à publier une série de *Quintessences spéciales* qui résument à leur tour, sous une forme laconique, claire, incisive, l'ensemble de nos connaissances. Aujourd'hui qu'on n'a pas le temps de lire, la forme quintessenciée n'est-elle pas la forme par excellence ?

« LOUIS JOURDAN. »

On peut souscrire d'avance à ces deux ouvrages, chez Mme G. MAILLEY, 23, rue Cassette. Il suffit pour cela d'envoyer son nom et son adresse par lettre affranchie.

Paris. — Imprimé par E. Thunot et Cie, 26, rue Racine.

AUTRES OUVRAGES D'AUGUSTE GUYARD.

Les Fils de la Sorcière, 2e édit., in-18, sur papier glacé
et satiné.   3 fr. 50

Ce roman de famille, qui a paru d'abord dans le *Bien public*, journal de
M. de Lamartine, et a été reproduit par plusieurs journaux de Paris et
de la province, unit, au charme d'un beau style, un vif intérêt drama-
tique et le but moral le plus élevé. C'est un des rares ouvrages d'imagination qui peuvent être mis sans danger entre les mains des jeunes
filles. Le drame y est pittoresquement encadré dans une description co-
lorée des fêtes, des jeux et des superstitions populaires de la Provence.

**Du Droit, du Devoir et des Constitutions au point
de vue de l'Absolu**, 2e édit., 4 vol. in-18.   2 fr. 50

Après une lumineuse critique des diverses théories sur le droit et le devoir
qui se sont produites jusqu'ici, ce livre montre que la science de la
destinée humaine est la vraie base et le critérium du droit, qui, pour
l'auteur, se confond avec le devoir.
C'est un traité profond et tout à fait neuf sur la matière.

Paul ou l'Athée conséquent, *nouvelle*, 4 volume
in-18.   2 fr 50

C'est une savante analyse de ces deux idées : *croyance* et *négation*, et en
même temps une éloquente réfutation de l'athéisme.

Paris.—Imp. de E. Donnaud, rue Cassette, 9